당신은 행복하십니까?

양 육 자: _____

양육대상자: _____

믿음의 기초를 세우는 10가지 복음 메시지

당신은 행복하십니까?

유기성 지음

위드지저스

복음만이
세상의 소망입니다

복음은 사람을 구원하는 하나님의 능력입니다. 복음만이 사람을 살릴 수 있고, 복음만이 사람을 진정으로 변화시킬 수 있습니다. 복음만이 세상의 유일한 소망입니다.

그리스도의 교회는 예배 공동체인 동시에 양육 공동체입니다. 복음으로 사람들을 세우고 성장하도록 돕는 것이 교회의 존재 목적입니다.

그러나 안타까운 사실은 교회가 사람들에게 복음으로 양육 받을 기회를 충분히 제공하지 못한다는 것입니다.

복음으로 양육 받을 기회를 얻지 못해, 예수님을 만나지 못하고 교회만 다니는 사람들이 있다면 그들을 향한 하나님의 안타까움이 얼마나 크겠습니까?

본 양육교재는 세 가지 목적이 있습니다.

첫 번째는 구원자이신 예수님을 인격적으로 만날 수 있도록 돕는 것입니다.

두 번째는 구원의 확신을 갖도록 돕는 것입니다.

세 번째는 예수님의 제자로 성숙하도록 돕는 것입니다.

처음 교회를 다니는 사람은 10주간의 양육을 통해 예수님을 인격적으로 만나고 믿음의 기초를 세우게 됩니다. 신앙생활에 관한 궁금증을 해결하고 교회가 어떤 곳인지 자세히 알게 될 것입니다.

이미 예수 그리스도를 만난 기존 신자에게는 복음을 다시 한 번 정리하고 구원의 확신을 점검하는 기회가 될 것입니다. 양육을 통하여 교회를 알고 소속감과 교회를 사랑하게 되는 은혜를 누릴 수 있습니다.

건강한 성도와 건강한 교회를 세우는 데 본 양육교재가 하나님의 도구로 사용될 수 있기를 소망하며, 양육을 받는 모든 분이 하나님의 특별한 은혜를 경험하기를 기도합니다.

왕기냥 목사

차례

01 _1주차

당신은
행복하십니까?

사람들은 모두 행복한 삶을 원합니다. 그래서 다양한 노력을 합니다. 행복하기 위해 결혼하고, 행복하기 위해 일합니다. 행복하기 위해서 돈을 모으고 여가생활을 즐깁니다. 어떤 사람은 명예를 통해서, 어떤 사람은 쾌락을 통해서 행복을 얻고자 합니다. 그러나 진정으로 행복한 삶을 누리는 사람은 많지 않습니다. 행복을 추구하는데 삶에는 여전히 고통과 불행이 있습니다.

왜 그토록 갈망하는 '행복한 삶'을 사람들은 누리지 못할까요? 그 이유는 하나님을 알지 못하기 때문입니다.

| 중요말씀 |

야고보서 1:17 온갖 좋은 은사와 온전한 선물이 다 위로부터 빛들의 아버지께로부터 내려오나니 그는 변함도 없으시고 회전하는 그림자도 없으시니라

1. 하나님은 창조주시며 생명을 주시는 분입니다.

많은 사람이 하나님이 계시지 않는다는 거짓말에 속고 있습니다. 그러나 하나님은 분명히 살아 계십니다. 하나님은 어떤 분이실까요?

- 하나님은 창조주이십니다.
- 하나님은 우리에게 생명을 주시는 분입니다.
- 하나님은 우리에게 복을 주시는 분입니다.

창세기 1:27-28 하나님이 자기 형상 곧 하나님의 형상대로 사람을 창조하시되
남자와 여자를 창조하시고 하나님이 그들에게 복을 주시며 하나님이 그들에게
이르시되 생육하고 번성하여 땅에 충만하라, 땅을 정복하라, 바다의 물고기와
하늘의 새와 땅에 움직이는 모든 생물을 다스리라 하시니라

욥기 10:12 [주께서]생명과 은혜를 내게 주시고 나를 보살피심으로 내 영을
지키셨나이다

그러면 왜 하나님과의 관계가 끊어졌을까요?

2. 하나님과의 관계가 끊어진 이유는 우리의 죄 때문입니다.

1) 모든 사람은 죄인입니다.

세상의 모든 사람이 죄를 짓습니다. 죄를 짓지 않는 사람은 단 한사람

도 없습니다.

다음 그림은 죄로 말미암아 하나님과 관계가 끊어진 인간의 상태를 표현합니다.

〈뿌리 뽑힌 나무〉 　　　　　〈물을 떠난 물고기〉

그렇다면 왜 모든 사람이 죄를 지을까요?

2) 죄의 뿌리가 있기 때문입니다.

사람들이 죄를 안 지으려고 해도 죄를 짓는 것은 죄의 뿌리가 있기 때문입니다. 죄의 뿌리란 무엇일까요? 하나님을 삶의 주인으로 모시지 않고 자기 자신이 삶의 주인이 되는 것입니다. 하나님을 떠나 자기 마음대로 살기 때문에 사람들이 죄를 짓게 되는 것입니다.

로마서 1:28 또한 그들이 마음에 하나님 두기를 싫어하매 하나님께서 그들을 그
상실한 마음대로 내버려 두사 합당하지 못한 일을 하게 하셨으니

다음 그림을 보십시오.

〈죄의 열매〉
거짓말, 도둑질, 음행, 살인 등

〈죄의 뿌리〉
자신이 삶의 주인이 됨
하나님을 떠남
하나님을 믿지 않음
악한 영(마귀)의 역사

3) 죄 뒤에 악한 영(마귀)이 있기 때문입니다.

마귀는 하나님을 떠난 불신자들 안에 역사하면서 죄를 짓게 만듭니다. 자기 뜻대로 살고자 하나님을 떠난 사람은 마귀의 종이 되어 죄를 지으며 살아갑니다.

에베소서 2:2 그 때에 너희는 그 가운데서 행하여 이 세상 풍조를 따르고 공중의
권세 잡은 자를 따랐으니 곧 지금 불순종의 아들들 가운데서 역사하는 영이라

하나님을 떠난 것이 죄의 뿌리요, 그 죄의 뿌리 뒤에는 마귀가 역사하고 있는 것입니다.

3. 하나님과 관계가 끊어진 결과, 삶에 많은 문제가 생겼습니다.

1) 죄의 결과로 죽음이 주어졌습니다.

로마서 6:23 죄의 삯은 사망이요 하나님의 은사는 그리스도 예수 우리 주 안에 있는 영생이니라

요한계시록 20:14 사망과 음부도 불못에 던져지니 이것은 둘째 사망 곧 불못이라

죽은 이후에 또 다른 죽음이 기다리고 있습니다. 바로 영원한 지옥입니다. 죽은 이후에 지옥에 가서 영원히 고통당하게 되는 것입니다.

2) 복된 삶을 살지 못하고 고통과 불행을 겪습니다.

복의 근원이신 하나님을 떠난 사람들은 끊임없이 가정 문제, 질병 문제, 재정 문제, 정신적인 문제 등으로 고통 속에서 살게 되었습니다.

야고보서 1:17 온갖 좋은 은사와 온전한 선물이 다 위로부터 빛들의 아버지께로부터 내려오나니 …

3) 참된 만족과 참된 평안을 누리지 못합니다.

사람들은 아무리 많은 것을 소유해도 만족하지 못합니다. 세상의 어떤 것도 하나님의 빈자리를 대신할 수 없기 때문입니다.

잠언 27:20 스올과 아바돈은 만족함이 없고 사람의 눈도 만족함이 없느니라

하나님을 떠나 모든 것을 스스로 책임져야 하는 인간의 마음속에는 두려움과 염려, 근심 걱정이 끊이지 않습니다. 인간의 또 다른 이름은 '수고하고 무거운 짐 진 자'입니다.

마태복음 11:28 수고하고 무거운 짐 진 자들아 다 내게로 오라 내가 너희를 쉬게 하리라

4. 하나님과 끊어진 관계를 회복하는 것이 구원입니다.

하나님과의 관계가 회복되려면 죄의 문제가 해결되어야 합니다. 죄의 문제가 해결되어 하나님과 관계를 회복하는 것을 '구원'이라고 부릅니다. 그렇다면 어떻게 하나님과의 관계를 회복할 수 있을까요?

1) 예수 그리스도는 하나님과의 관계를 회복하는 유일한 길입니다.
하나님께서 우리 죄의 문제를 해결하시고 구원하시기 위해서 자신의 아들을 이 땅에 보내주셨습니다. 우리가 구원을 얻을 수 있는 길은 예수님 밖에 없습니다.

요한복음 3:16 하나님이 세상을 이처럼 사랑하사 독생자를 주셨으니 이는 그를 믿는 자마다 멸망하지 않고 영생을 얻게 하려 하심이라

요한복음 14:6 예수께서 이르시되 내가 곧 길이요 진리요 생명이니 나로 말미암지

않고는 아버지께로 올 자가 없느니라

2) 예수 그리스도께서는 십자가의 죽음과 부활을 통해 우리의 모든 죄를
  해결하셨습니다.

첫째, 우리 죄를 위하여 십자가에 달려 죽으셨습니다.

죄의 결과는 죽음입니다. 예수님께서 우리가 치러야 할 죄의 대가를 대신 지불하시고 죽으셨습니다. 우리의 힘으로는 도저히 해결할 수 없는 죄의 문제를 예수님께서 죽음으로 완전히 해결해주신 것입니다.

갈라디아서 1:4 그리스도께서 하나님 곧 우리 아버지의 뜻을 따라 이 악한 세대에서
  우리를 건지시려고 우리 죄를 대속하기 위하여 자기 몸을 주셨으니

둘째, 우리를 살리시기 위하여 부활하셨습니다.

예수님께서는 십자가에 달려 죽으셨을 뿐만 아니라 사흘 만에 다시 살아나셨습니다. 부활은 예수님께서 정말 하나님의 아들이시고 우리를 구원하시는 구원자이심을 증명하는 사건입니다.

고린도전서 15:3-4 …그리스도께서 우리 죄를 위하여 죽으시고 장사 지낸 바
  되셨다가 성경대로 사흘 만에 다시 살아나사

3) 예수 그리스도를 영접하면 구원을 얻을 수 있습니다.

예수 그리스도를 영접하면, 죄 사함을 받고 하나님과의 관계가 회복되

어 하나님의 자녀가 되는 놀라운 복을 받게 됩니다.

요한복음 1:12 영접하는 자 곧 그 이름을 믿는 자들에게는 하나님의 자녀가 되는
권세를 주셨으니

다음과 같은 방법으로 예수님을 영접할 수 있습니다.

첫째, 죄인임을 인정하십시오.
자신에게 구원자가 필요함을 인정해야 합니다. 당신은 자신이 죄인이라
는 사실을 인정합니까?

둘째, 예수 그리스도를 믿으십시오.
예수 그리스도께서 당신의 모든 죄를 담당하시고 십자가에 달려 죽으
시고 부활하셨다는 사실을 마음으로 믿는다면 당신은 지금 구원이라는
선물을 받을 수 있습니다.

예수님을 구원자로 믿게 되었다면 25쪽의 영접기도를 하십시오.

구원받으면
어떤 복을 받을까요?

예수 그리스도를 믿고 영접한다는 것은 정말 놀라운 일입니다. 우리가 예수님을 믿게 된 것은 우리를 향한 하나님의 특별한 계획이 있었기 때문입니다. 그리고 우리가 예수님을 믿으면 상상하기 어려운 복을 받게 됩니다. 그중에서도 가장 큰 복은 죄인이었던 우리가 하나님의 자녀가 된다는 것입니다. 그러면 우리가 예수님을 믿을 때 어떤 일이 일어날까요? 예수님을 믿으면 어떤 복을 받게 될까요?

| 중요말씀 |

마태복음 7:11 너희가 악한 자라도 좋은 것으로 자식에게 줄 줄 알거든 하물며 하늘에 계신 너희 아버지께서 구하는 자에게 좋은 것으로 주시지 않겠느냐

1. 예수님을 믿으면 성령[1](Holy Spirit)을 선물로 받습니다.

우리가 예수님을 영접[2]하는 순간 성령께서 우리 안에 찾아오셔서 내주(內住)[3]하시게 됩니다.

> 사도행전 2:38 ⋯ 너희가 회개하여 각각 예수 그리스도의 이름으로 세례를 받고 죄 사함을 받으라 그리하면 성령의 선물을 받으리니

우리 안에 오셔서 함께하시는 성령은 어떤 분이실까요?

1) 성령은 우리 안에 영으로 오신 예수님입니다.

우리 안에 오신 성령은 '그리스도의 영' 또는 '예수의 영'(사도행전 16:7)이라고 불립니다. 부활하시고 승천하신 예수님께서 영으로 우리 안에 다시 찾아오셨습니다.

> 로마서 8:9-10 ⋯누구든지 그리스도의 영이 없으면 그리스도의 사람이 아니라 또 그리스도께서 너희 안에 계시면 몸은 죄로 말미암아 죽은 것이나 영은 의로 말미암아 살아 있는 것이니라

---

1 성령(Holy Spirit) 성령 하나님으로 성부 하나님, 성자 하나님(예수님)과 함께 삼위의 한 하나님.
2 영접 손님을 맞아서 대접함, 예수 그리스도를 구주로 믿고 따르기로 결단한 것을 말함.
3 내주 와서 머무르다, 내 안에 거하고 계심을 말함.

2) 성령은 우리를 거듭나게 하십니다.

성령은 예수 그리스도의 보혈로 우리의 죄를 씻으시고 영적으로 새로 태어나게 하시는 분입니다.

요한복음 3:5 예수께서 대답하시되 진실로 진실로 네게 이르노니 사람이 물과 성령으로 나지 아니하면 하나님의 나라에 들어갈 수 없느니라

2. 예수님을 믿으면 영원한 생명을 얻습니다.

예수 그리스도를 마음으로 믿고 마음에 모신 사람은 그 즉시 영원한 생명(영생[4])을 얻게 됩니다. 하나님께서 주시는 생명으로 영원히 사는 것입니다. 더 이상 죽음을 두려워할 필요가 없습니다.

요한복음 5:24 내가 진실로 진실로 너희에게 이르노니 내 말을 듣고 또 나 보내신 이를 믿는 자는 영생을 얻었고 심판에 이르지 아니하나니 사망에서 생명으로 옮겼느니라

---

4 영생 영원한 생명, 예수를 믿고 하나님의 거룩한 뜻을 알아 그 가르침을 행하여 천국에서 영원히 사는 삶.

다음 그림을 보십시오.

〈뿌리박힌 나무〉　　　　　　　〈물속의 물고기〉

그렇다면 이 영원한 생명을 빼앗길 수도 있을까요?

영생을 잃어버릴까봐 불안해하는 사람들이 있습니다. 그러나 염려하지 마십시오. 다시는 영생을 잃어버리지 않을 것입니다. 우리에게 영생을 주시는 예수님께서 우리 안에 오셔서 영원히 떠나지 않겠다고 약속하셨기 때문입니다(히브리서 13:5).

> 요한복음 10:28 내가 그들에게 영생을 주노니 영원히 멸망하지 아니할 것이요 또 그들을 내 손에서 빼앗을 자가 없느니라

3. 예수님을 믿으면 하나님의 자녀가 됩니다.

예수님을 영접한 사람에게는 하나님의 자녀가 되는 권세가 주어집니다.

요한복음 1:12 영접하는 자 곧 그 이름을 믿는 자들에게는 하나님의 자녀가 되는

권세를 주셨으니

그러면 하나님의 자녀가 누리는 권세와 복은 무엇일까요?

1) 하나님의 자녀는 하나님의 돌보심을 받습니다.

하나님 아버지께서는 우리의 인생 전체를 책임져주십니다. 더 이상 걱정 근심에 짓눌려 살 필요가 없습니다.

베드로전서 5:7 너희 염려를 다 주께 맡기라 이는 그가 너희를 돌보심이라

2) 하나님의 자녀는 성령의 인도하심을 받습니다.

우리 안에 찾아오신 성령께서는 우리가 하나님의 뜻대로 살 수 있도록 인도해주십니다.

로마서 8:14 무릇 하나님의 영으로 인도함을 받는 사람은 곧 하나님의 아들이라

3) 하나님의 자녀는 기도의 응답을 받습니다.

자녀는 아버지에게 자신이 필요한 것을 요청할 권리가 있습니다. 하나님의 자녀 된 우리도 하나님께 기도할 수 있고 아버지 되시는 하나님께서는 좋은 것으로 우리에게 주십니다.

마태복음 7:11 너희가 악한 자라도 좋은 것으로 자식에게 줄 줄 알거든 하물며

하늘에 계신 너희 아버지께서 구하는 자에게 좋은 것으로 주시지 않겠느냐

4) 하나님의 자녀는 악한 영(마귀)을 이길 수 있는 영적 권세가 있습니다.

예수님을 믿는 사람은 사주팔자, 손 없는 날, 징크스 같은 것들에 얽매여 살 필요가 없습니다. 마귀를 두려워할 필요가 없습니다. 예수의 이름으로 대적하면 되기 때문입니다.

누가복음 10:19 내가 너희에게 뱀과 전갈을 밟으며 원수의 모든 능력을 제어할

권능을 주었으니 너희를 해칠 자가 결코 없으리라

4. 예수님을 믿으면 천국의 시민권을 갖게 됩니다.

천국[5]은 어떤 곳일까요?

천국에 없는 것이 있습니다. 천국에는 죄악이 없습니다. 천국에는 슬픔과 눈물이 없습니다. 천국에는 고통과 가난, 질병과 죽음도 없습니다.

대신 천국에는 이 세상에 없는 것이 있습니다. 천국에는 완전한 기쁨과 평화가 있습니다. 천국에는 완전한 사랑이 있습니다. 천국에는 말할 수 없는 부요함이 있습니다.

---

5 천국 하늘나라, 하늘의 왕국. 이는 하나님께서 다스리시는 하나님의 나라를 가리키는데 마태복음에서만
  고유하게 사용되고 있는 명칭이다. 천국은 특정한 영토를 가리킬 뿐 아니라 하나님의 주권적 통치가 미치는
  모든 영역을 가리킨다.

예수님을 영접하면 이와 같은 천국을 소유한 사람이 됩니다. 예수님을 영접하셨다면 당신은 이미 천국을 소유한 사람입니다.

빌립보서 3:20 우리의 시민권은 하늘에 있는지라 거기로부터 구원하는 자 곧 주 예수 그리스도를 기다리노니

이제 예수 그리스도를 구원자로 믿고 그분을 당신의 마음 중심에 영접하기를 원하신다면, 영접기도를 따라 하십시오.

사랑의 하나님, 저는 이제까지 하나님을 떠나 살았습니다. 제가 죄인임을 인정합니다. 오늘 예수님을 나의 구원자로 믿고 하나님의 자녀가 되기를 원합니다. 나의 죄를 대신하여 십자가에서 죽으시고 부활하신 예수님을 지금 나의 구원자, 나의 하나님으로 영접합니다. 지금 내 마음 속으로 들어오셔서 제 삶의 주인이 되어주시기를 원합니다. 주님께서 영원토록 제 마음에 들어와 계실 것을 믿습니다. 나의 죄를 용서하시고, 하나님의 자녀로 삼아주시니 감사합니다. 이제부터 하나님의 뜻에 순종하며 살게 도와주십시오. 예수님의 이름으로 기도합니다. 아멘.

영접기도를 했을 때 당신의 마음에 어떤 변화가 있었습니까?

영접기도를 따라 했으나 마음에 아무런 느낌이 없을 수도 있습니다. 그러나 진실한 마음과 구원 얻기를 원하는 마음으로 영접기도를 했다면 다음의 세 가지 사실을 꼭 기억하십시오.

첫째, 예수님께서 당신 안에 계십니다(골로새서 1:27).

둘째, 당신의 모든 죄를 용서받았습니다(에베소서 1:7).

셋째, 당신은 이제 구원받은 하나님의 자녀입니다(요한복음 1:12).

요한일서 5:11-13 또 증거는 이것이니 하나님이 우리에게 영생을 주신 것과 이 생명이 그의 아들 안에 있는 그것이니라 아들이 있는 자에게는 생명이 있고 하나님의 아들이 없는 자에게는 생명이 없느니라 내가 하나님의 아들의 이름을 믿는 너희에게 이것을 쓰는 것은 너희로 하여금 너희에게 영생이 있음을 알게 하려 함이라

| 기도제목 |

예수님을 믿고 죄를 지으면
어떻게 될까요?

예수님을 믿고 구원을 받은 후에도 죄를 지을 수 있습니다. 믿는 사람이 짓는 죄도 심각한 문제를 일으킵니다. 그러나 예수님을 믿기 전과는 전혀 다른 결과를 낳습니다. 하나님께서는 예수님을 믿고 난 후에 짓는 죄에 대해 그것을 해결하는 방법을 알려 주셨습니다. 그러나 많은 사람이 이 원리를 모르기 때문에 구원받은 사람이 받는 복을 누리지 못하고 있습니다.

예수님을 믿는 사람이 죄를 지으면 어떻게 될까요?

| 중요말씀 |

요한일서 1:9 만일 우리가 우리 죄를 자백하면 그는 미쁘시고 의로우사 우리 죄를 사하시며 우리를 모든 불의에서 깨끗하게 하실 것이요

1. 그리스도 안에 있는 사람에게는 결코 정죄[6]함이 없습니다.

로마서 8:1-2 그러므로 이제 그리스도 예수 안에 있는 자에게는 결코 정죄함이
없나니 이는 그리스도 예수 안에 있는 생명의 성령의 법이 죄와 사망의 법에서
너를 해방하였음이라

1) 십자가는 우리를 모든 죄에서 완벽하게 구원하는 능력이기 때문입니다.

모든 죄라 함은 그야말로 '모든 죄'를 의미합니다. 그리스도의 십자가는
우리의 모든 죄를 완벽하게 해결하는 능력입니다.

2) 죄를 지어도 우리는 여전히 하나님의 자녀이기 때문입니다.

우리가 하나님의 자녀가 되었다는 것은, 그 무엇도 하나님과 우리와의
관계를 끊어놓을 수 없다는 말과 같습니다.

로마서 8:15 너희는 다시 무서워하는 종의 영을 받지 아니하고 양자의 영을
받았으므로 우리가 아빠 아버지라고 부르짖느니라

예수님을 믿는 사람에게 결코 정죄함이 없다고 해서 계속 죄를 지어도 될
까요? 절대 그렇지 않습니다. 계속해서 죄를 짓는 것은 우리를 구원하신 하
나님의 뜻이 아닙니다. 그리스도인이 짓는 죄도 심각한 문제를 일으킵니다.

---

6 정죄(Condemnation) 죄가 있는 것으로 판정하는 것을 말합니다. 죄가 있는 것으로 판정을 받으면 죄에 대한
대가를 치러야 하는데, 죄의 결과는 심판과 죽음입니다.

2. 그리스도인이 죄를 지으면 책망과 징계[7]를 받습니다.

1) 우리 안에 계신 성령께서 근심하십니다.

우리가 죄를 지을 때 성령께서 근심하시며 그 근심을 우리에게 깨닫게 하십니다. 죄를 지을 때 괴로움을 느끼거나 후회하는 마음이 생기는 것은 성령께서 근심하시기 때문입니다.

> 에베소서 4:30 하나님의 성령을 근심하게 하지 말라 그 안에서 너희가 구원의
> 날까지 인치심을 받았느니라

2) 하나님께서는 사랑하는 자를 징계하십니다.

불신자들이 죄를 지으면 정죄를 받고, 그리스도인들이 죄를 지으면 징계를 받습니다. 죄를 지을 때 삶에 여러 가지 문제가 생기는 것은 하나님이 징계하시기 때문입니다.

하나님께서 사랑하시는 자들을 징계하는 목적은 회개하여 온전하게 회복시키기 위한 것입니다.

> 요한계시록 3:19 무릇 내가 사랑하는 자를 책망하여 징계하노니 그러므로 네가
> 열심을 내라 회개하라

---

7 징계(Discipline) 허물을 뉘우치도록 주의를 주거나 제재를 가하는 행위를 말합니다. 징계의 기초는 사랑이고 목적은 온전한 상태로의 회복입니다.

히브리서 12:6 주께서 그 사랑하시는 자를 징계하시고 그가 받아들이시는
아들마다 채찍질하심이라 하였으니

3. 그리스도인이 죄를 지으면 은혜와 복을 누리지 못합니다.

1) 기쁨과 감사, 평안을 누리지 못합니다.
마음이 불안해지고 감사하는 마음 대신 불평과 원망, 짜증이 일어납니다.

로마서 14:17 하나님의 나라는 먹는 것과 마시는 것이 아니요 오직 성령 안에 있는
의와 평강과 희락이라

2) 예배가 무너지고 기도가 막힙니다.
예배와 기도는 우리가 하나님과 교제하는 통로입니다. 그런데 죄를 지으면 이 통로가 막히게 되어, 하나님께서 주시는 은혜를 누리지 못하게 되는 것입니다.

시편 66:18 내가 나의 마음에 죄악을 품었더라면 주께서 듣지 아니하시리라

3) 사명을 감당하지 못하는 그리스도인이 됩니다.
그리스도인이 죄를 지으면 빛과 소금의 역할을 감당할 수 없게 됩니다. 그것이 바로 우리에게 죄를 짓게 하는 마귀의 최대 전략입니다.

마태복음 5:13 너희는 세상의 소금이니 소금이 만일 그 맛을 잃으면 무엇으로 짜게 하리요 후에는 아무 쓸 데 없어 다만 밖에 버려져 사람에게 밟힐 뿐이니라

4. 어떻게 죄를 이길 수 있을까요?

1) 새사람이 되었다는 사실을 확신하십시오.

죄를 이기기 위해서는 자신이 어떤 사람인지를 분명히 깨닫는 것이 중요합니다.

고린도후서 5:17 그런즉 누구든지 그리스도 안에 있으면 새로운 피조물이라 이전 것은 지나갔으니 보라 새 것이 되었도다

당신은 진심으로 예수 그리스도를 영접했습니까? 그렇다면 다음의 표에서 '새사람'에 동그라미를 하십시오. 그리고 새사람에게 해당하는 진리를 하나하나 밑줄을 그으며 소리 내어 읽어보십시오.

옛사람	새사람
세상에 속한 사람	하나님께 속한 사람
마귀의 자녀	하나님의 자녀
죄가 지배하는 사람	하나님의 은혜가 지배하는 사람
죄의 종	의(義)의 종

2) 죄를 고백하고 회개[8]하십시오.

우리가 죄를 지을 때 우리 안에 계신 성령은 여러 경로(예배와 기도 생활, 양심 등)를 통해서 죄를 깨닫게 하십니다. 죄를 깨달았다면 조금도 지체하지 말고 하나님 앞에 자신의 죄를 고백하고 회개해야 합니다.

요한일서 1:9 만일 우리가 우리 죄를 자백하면 그는 미쁘시고 의로우사 우리 죄를 사하시며 우리를 모든 불의에서 깨끗하게 하실 것이요

3) 회개했다면 용서받았다는 확신[9]을 가지십시오.

용서의 확신을 가질 때 우리는 죄책감에서 해방되고, 구원받는 자가 누리는 복을 회복할 수 있습니다.

4) 회개를 통하여 죄를 이길 수 있습니다.

그리스도인이 죄를 이기는 길은 죄를 지을 때마다 계속해서 죄를 고백하고 회개하는 것입니다. 회개하지 않는 것이 문제이지 계속해서 회개하면 반드시 죄를 이기게 됩니다.

요한일서 5:18 하나님께로부터 난 자는 다 범죄하지 아니하는 줄을 우리가 아노라 하나님께로부터 나신 자가 그를 지키시매 악한 자가 그를 만지지도 못하느니라

---

8 회개 죄에 대한 확신과 하나님께 죄를 지었다는 깨달음, 그리고 죄로부터 돌이키는 신앙 행위.
9 확신 확실히 믿음, 굳게 믿고 의심치 않음.

갈라디아서 5:16 내가 이르노니 너희는 성령을 따라 행하라 그리하면 육체의 욕심을

이루지 아니하리라

| 기도제목 |

구원받은 성도에게는 영적인 권세가 있습니다

　　예수님을 믿는 사람에게는 영적으로 싸워야 할 대상이 있습니다. 신앙생활이란 곧 마귀와의 영적인 전쟁입니다. 마귀는 대단히 큰 능력이 있어서 우리의 힘으로는 도저히 이길 수 없습니다. 그러나 두려워하지 마십시오. 예수 그리스도께서 이미 십자가와 부활로 마귀의 권세를 꺾으셨습니다. 믿는 사람에게 마귀를 이길 수 있는 권세를 주셨습니다. 우리는 이 권세를 사용해서 영적 전쟁에서 승리하는 삶을 살 수 있습니다.

| 중요말씀 |

마가복음 16:17 믿는 자들에게는 이런 표적이 따르리니 곧 그들이 내 이름으로 귀신을 쫓아내며 새 방언을 말하며

1. 마귀는 어떤 존재입니까?

1) 마귀는 사탄, 이 세상 신 등으로 불립니다.

마귀는 우리 눈에는 보이지 않습니다. 그러나 분명히 실재(實在)하는 영적 존재입니다. 마귀는 하나이지만 귀신은 숫자가 수없이 많습니다.

2) 마귀는 교만해서 타락한 천사장입니다.

마귀는 원래 천사들의 우두머리인 천사장이였으나 하나님과 같이 되려는 교만한 마음을 품고 많은 천사와 함께 반역을 일으켰습니다.

에스겔 28:14-15 너는 기름 부음을 받고 지키는 그룹임이여 내가 너를 세우매 네가
하나님의 성산에 있어서 불타는 돌들 사이에 왕래하였도다 네가 지음을 받던
날로부터 네 모든 길에 완전하더니 마침내 네게서 불의가 드러났도다

3) 마귀는 공중권세 잡은 자입니다.

마귀는 반역에 실패하고 공중(세상)으로 쫓겨났습니다. 마귀는 권세를 가지고 세상을 지배하고 있습니다. 하나님을 알지 못하는 사람은 누구든지 마귀의 종입니다.

에베소서 2:2 그 때에 너희는 그 가운데서 행하여 이 세상 풍조를 따르고 공중의
권세 잡은 자를 따랐으니 곧 지금 불순종의 아들들 가운데서 역사하는 영이라

2. 마귀는 어떤 일을 하고 있습니까?

1) 하나님을 대적하고 죄를 짓게 만듭니다.

선한 일을 하는 것은 어려워도, 죄를 짓는 것은 너무 쉽습니다. 마귀가 죄를 짓도록 배후에서 역사하고 있기 때문입니다.

요한일서 3:8 죄를 짓는 자는 마귀에게 속하나니 마귀는 처음부터 범죄함이라 …

2) 하나님을 알지 못하게 하고 복음을 믿지 못하게 합니다.

마귀는 사람들의 마음을 혼미하게(어둡게) 만들어서 하나님을 알지 못하게 하고, 그리스도의 복음을 믿지 못하게 만듭니다. 이것이 영혼 구원을 위해 기도해야 하는 이유입니다.

고린도후서 4:4 그 중에 이 세상의 신이 믿지 아니하는 자들의 마음을 혼미하게

하여 그리스도의 영광의 복음의 광채가 비치지 못하게 함이니 그리스도는

하나님의 형상이니라

3) 사람들을 죽이고 멸망시킵니다.

사람들을 자기와 같이 영원한 지옥으로 끌고 가는 것이 마귀의 궁극적인 목적입니다.

요한복음 10:10 도둑이 오는 것은 도둑질하고 죽이고 멸망시키려는 것뿐이요…

4) 마귀는 다음과 같은 일도 합니다.

첫째, 사람들을 미혹하여 우상숭배에 빠지도록 만듭니다.

디모데전서 4:1 그러나 성령이 밝히 말씀하시기를 후일에 어떤 사람들이 믿음에서
떠나 미혹하는 영[10]과 귀신의 가르침을 따르리라 하셨으니

둘째, 사람들을 절망하고 낙심하게 만듭니다.
셋째, 공동체를 분열시킵니다.
넷째, 육체의 질병을 일으키기도 합니다.

마귀는 이와 같은 일을 합니다. 그러나 예수님을 믿는 사람은 마귀를
두려워할 필요가 전혀 없습니다.

3. 하나님의 자녀에게는 마귀를 이길 영적인 권세가 있습니다.

1) 하나님의 자녀는 마귀의 지배에서 벗어났습니다.

마귀는 더 이상 우리를 지배할 수도, 조정할 수도 없습니다. 마귀는 우
리를 건드릴 수조차 없습니다.

골로새서 1:13 그가 우리를 흑암의 권세에서 건져내사 그의 사랑의 아들의 나라로
옮기셨으니

---

10 영 피조물이자 비물질적인 실존, 혹은 육과 대조되는 속사람의 실체로서 영혼.

2) 하나님의 자녀에게는 마귀를 이길 권세가 주어졌습니다.

하나님의 자녀들은 예수님께서 주신 권세로 마귀와 싸워 승리할 수 있습니다.

마가복음 16:17 믿는 자들에게는 이런 표적이 따르리니 곧 그들이 내 이름으로 귀신을 쫓아내며 새 방언을 말하며

4. 마귀와의 영적 전쟁에서 승리하십시오.

어떻게 마귀와의 영적 전쟁에서 승리할 수 있을까요?

1) 싸움의 대상을 바로 알아야 합니다.

우리가 싸워야 할 대상은 사람이 아니라 배후에서 역사하고 있는 마귀입니다.

에베소서 6:12 우리의 씨름은 혈과 육을 상대하는 것이 아니요 통치자들과 권세들과 이 어둠의 세상 주관자들과 하늘에 있는 악의 영들을 상대함이라

2) 그리스도의 보혈[11]을 의지해 정결함을 유지해야 합니다.

아직 해결되지 않은 죄가 있다면 회개하고 죄 사함을 받아야 합니다.

---

11 보혈 죄를 씻어주기 위하여 예수님께서 십자가에 못 박혀 흘린 피를 이르는 말.

정결한 자만이 마귀와의 전쟁에서 승리할 수 있기 때문입니다.

야고보서 5:16 그러므로 너희 죄를 서로 고백하며 병이 낫기를 위하여 서로 기도하라 의인의 간구는 역사하는 힘이 큼이니라

3) 하나님께서 주신 권세로 마귀를 대적해야 합니다.

주 예수의 이름으로 대적할 때 마귀는 떠납니다.

야고보서 4:7 그런즉 너희는 하나님께 복종할지어다 마귀를 대적하라 그리하면 너희를 피하리라

4) 하나님의 전신 갑주[12]를 입어야 합니다.

하나님의 전신 갑주는 진리, 평안의 복음, 믿음, 구원, 성령의 검, 기도입니다.

에베소서 6:11 마귀의 간계를 능히 대적하기 위하여 하나님의 전신 갑주를 입으라

---

12 전신 갑주 온몸을 감싼 갑옷과 투구. 성경에서는 성도들이 사탄과의 전투에서 반드시 착용해야 할 거룩한 의복에 비유된다.

5) 성령의 인도하심을 따라 반대정신으로 싸워야 합니다.

선으로 악을 이기라는 말입니다. 미움은 사랑과 용서로, 탐욕은 나눔으로 이길 수 있습니다. 악은 결코 선을 이길 수 없습니다.

로마서 12:21 악에게 지지 말고 선으로 악을 이기라

| 기도제목 |

새로운 갈등에
도전하십시오

예수 그리스도를 믿으면 죄와 저주, 마귀의 권세로부터 해방됩니다. 곧 모든 문제의 근원으로부터 해방되는 것입니다. 그러나 이 말은 이 땅에 사는 동안 우리에게 아무런 문제가 없을 것이라는 뜻은 아닙니다. 예수님을 믿는 사람에게는 하나님의 복을 누리기 위한 새로운 종류의 갈등과 어려움이 생깁니다. 이런 갈등을 잘 인내하며 극복해나갈 때 우리의 신앙생활은 더 풍성해질 것입니다.

| 중요말씀 |

잠언 3:5-6 너는 마음을 다하여 여호와를 신뢰하고 네 명철을 의지하지 말라 너는 범사에 그를 인정하라 그리하면 네 길을 지도하시리라

1. 예수님을 믿으면 어떤 변화가 생길까요?

1) 새로운 피조물이 됩니다.

예수님을 영접하면 우리의 영혼이 거듭나서 완전히 새로운 사람이 됩니다.

> 고린도후서 5:17 그런즉 누구든지 그리스도 안에 있으면 새로운 피조물이라 이전
> 것은 지나갔으니 보라 새 것이 되었도다

2) 새로운 관계가 형성됩니다.

첫째, 하나님과 새로운 관계가 맺어집니다.

하나님께서 나의 아버지가 되시고 나는 하나님의 자녀가 되는 것입니다.

> 갈라디아서 4:6 너희가 아들이므로 하나님이 그 아들의 영을 우리 마음 가운데
> 보내사 아빠 아버지라 부르게 하셨느니라

둘째, 다른 성도들과 새로운 관계가 맺어집니다.

예수님을 영접하는 순간, 하나님 안에서 다른 성도와 한 형제자매가 됩니다. 교회는 하나님을 아버지로 모시는 영적인 가족 공동체입니다.

> 에베소서 2:19 그러므로 이제부터 너희는 외인도 아니요 나그네도 아니요 오직
> 성도들과 동일한 시민이요 하나님의 권속이라

3) 새로운 깨달음을 얻게 됩니다.

하나님을 알게 되고, 영적인 것들에 대한 분별력이 생깁니다.

요한복음 14:26 보혜사[13] 곧 아버지께서 내 이름으로 보내실 성령 그가 너희에게
모든 것을 가르치고 내가 너희에게 말한 모든 것을 생각나게 하리라

4) 새로운 삶을 살려는 마음을 갖게 됩니다.

하나님의 자녀들은 죄를 멀리하고 거룩하게 살려는 마음을 갖게 됩니다.

갈라디아서 5:24 그리스도 예수의 사람들은 육체와 함께 그 정욕과 탐심을 십자가에
못 박았느니라

5) 새로운 사랑이 일어납니다.

하나님의 사랑을 깨달은 사람이라면 누구든지 사랑의 마음이 생기게
마련입니다.

요한일서 4:12 어느 때나 하나님을 본 사람이 없으되 만일 우리가 서로 사랑하면
하나님이 우리 안에 거하시고 그의 사랑이 우리 안에 온전히 이루어지느니라

---

13 보혜사 성령의 다른 이름, 다른 사람에게 도움을 베풀도록 곁에 부름을 받은 자(변호사, 위로자, 조력자,
   담당자)를 뜻함.

6) 새로운 소원이 생깁니다.

하나님을 위해 무언가 하고 싶은 마음, 봉사하고 싶은 마음, 전도하고 싶은 마음 등이 생긴다는 것입니다.

빌립보서 2:13 너희 안에서 행하시는 이는 하나님이시니 자기의 기쁘신 뜻을 위하여 너희에게 소원을 두고 행하게 하시나니

2. 예수님을 믿은 후에 새로운 갈등이 생기기도 합니다.

예수님을 믿은 후에 좋은 일만 생기는 것은 아닙니다. 새로운 갈등이 일어나기도 하고 어려움이 찾아오기도 합니다. 예수님을 믿은 이후에 당신이 경험하고 있는 새로운 갈등에 대해서 말해보십시오.

- 가정에서

- 직장에서

- 인간관계에서

3. 다섯 가지 확신으로 갈등을 극복하십시오.

1) 구원을 확신해야 합니다.

새로운 갈등이 생겼다는 것은 당신이 거듭난 사람이라는 것을 의미합니다. 구원의 확신을 갖게 되면 어떤 갈등과 어려움에도 흔들리지 않을 수 있습니다.

> 요한일서 5:11 또 증거는 이것이니 하나님이 우리에게 영생을 주신 것과 이 생명이
> 그의 아들 안에 있는 그것이라

2) 기도의 응답을 확신해야 합니다.

기도하면 하나님께서 우리 마음에 평안을 주시고, 모든 갈등과 어려움이 변하여 간증거리가 되게 하십니다.

> 요한복음 16:24 지금까지는 너희가 내 이름으로 아무 것도 구하지 아니하였으나
> 구하라 그리하면 받으리니 너희 기쁨이 충만하리라

3) 성령의 인도하심을 확신해야 합니다.

성령의 인도하심을 받으면 어려운 문제와 갈등을 해결할 수 있는 지혜와 세상의 유혹에 넘어가지 않을 수 있는 분별력과 힘을 얻게 됩니다.

> 잠언 3:5-6 너는 마음을 다하여 여호와를 신뢰하고 네 명철을 의지하지 말라 너는

범사에 그를 인정하라 그리하면 네 길을 지도하시리라

다음은 성령의 인도하심을 받는 단계입니다(잠언 3:5-10).
첫째, 하나님을 신뢰하십시오.
둘째, 자기 명철(지혜)을 의지하지 마십시오.
셋째, 범사에 하나님을 인정하십시오.
넷째, 그러면 하나님께서 당신의 길을 지도하실 것입니다.

4) 하나님의 용서하심을 확신해야 합니다.
새로운 갈등에 잘못 대처하면 죄를 지을 수 있습니다. 그 죄는 회개함으로 용서받을 수 있습니다. 회개하기를 부끄러워하지 마십시오. 하나님께서는 어떤 죄라도 용서해주십니다.

요한일서 1:9 만일 우리가 우리 죄를 자백하면 그는 미쁘시고 의로우사 우리 죄를
사하시며 우리를 모든 불의에서 깨끗하게 하실 것이요

5) 그리스도 안에서 승리를 확신해야 합니다.
하나님께서는 갈등이나 시험을 없애주지는 않지만 그것을 감당하고 이길 힘을 주십니다. 하나님을 의지하고 믿음으로 나아가십시오.

고린도전서 10:13 사람이 감당할 시험 밖에는 너희가 당한 것이 없나니 오직
하나님은 미쁘사 너희가 감당하지 못할 시험 당함을 허락하지 아니하시고

시험 당할 즈음에 또한 피할 길을 내사 너희로 능히 감당하게 하시느니라

| 기도제목 |

구원받은 성도는
기도의 응답을 받습니다

　　기도는 하나님의 자녀가 누릴 수 있는 가장 큰 특권입니다. 기도는 살아계신 하나님과 교제하는 것입니다. 기도는 하늘의 보물창고를 여는 열쇠입니다. 우리의 하나님 아버지는 모든 것을 가지고 계신 분입니다. 하늘 창고의 주인이십니다. 우리는 기도함으로 하나님께 있는 것들을 우리에게로 가져올 수 있습니다. 그러므로 이 특권을 사용하지 않는 것은 정말로 어리석은 일입니다. 우리는 언제 어디서나 기도의 특권을 사용할 수 있습니다.

| 중요말씀 |

마가복음 11:24 그러므로 내가 너희에게 말하노니 무엇이든지 기도하고 구하는 것은 받은 줄로 믿으라 그리하면 너희에게 그대로 되리라

1. 왜 기도해야 할까요?

하나님은 모든 것을 아시고 모든 것을 하실 수 있는 전지[14]전능[15](全知全能)하신 분입니다.

> 마태복음 6:8 그러므로 그들을 본받지 말라 구하기 전에 너희에게 있어야 할 것을 하나님 너희 아버지께서 아시느니라

> 마태복음 7:7 구하라 그리하면 너희에게 주실 것이요 찾으라 그리하면 찾아낼 것이요 문을 두드리라 그리하면 너희에게 열릴 것이니

1) 기도를 통해 하나님과의 관계가 친밀해지기 때문입니다.

첫째, 기도는 하나님과의 대화입니다.

사람과 사람 사이의 관계가 대화를 통해서 깊어지고 친밀해지는 것처럼 하나님과의 관계도 기도를 통해 깊어지고 친밀해집니다.

둘째, 기도는 살아 계신 하나님을 경험하게 합니다.

기도를 통해 살아 계신 하나님을 경험하면 하나님에 대해 확신 있는 믿음을 가질 수 있게 됩니다. 하나님을 더욱 의지하고 사랑하는 사람이 되는 것입니다.

---

14 전지 과거, 현재, 미래의 모든 것을 알고 있는 하나님의 성품.
15 전능 어떤 일이든 못하는 것이 없이 모두 능한 하나님의 성품.

2) 기도를 통해 하나님의 뜻이 이루어지기 때문입니다.

하나님께서는 놀라운 일들을 계획하시고 우리는 그것이 이루어지기를 기도합니다. 하나님께서는 그분의 뜻을 이루시기 위해서 우리의 기도를 사용합니다.

마태복음 6:10 …뜻이 하늘에서 이루어진 것 같이 땅에서도 이루어지이다

2. 언제 기도해야 할까요?

1) 항상 기도해야 합니다.

항상 기도하는 것은 '기도로 살라'는 것입니다. 기도는 구원받은 그리스도인의 생활이어야 합니다.

골로새서 4:2 기도를 계속하고 기도에 감사함으로 깨어 있으라

2) 시간을 정해놓고 기도합니다.

기도하는 습관을 들이려면 시간을 정해놓고 기도하는 것이 좋습니다. 예수님께서도 시간을 정해놓고 기도하셨습니다.

누가복음 22:39 예수께서 나가사 습관을 따라 감람 산에 가시매 제자들도
따라갔더니

3) 어떤 문제를 놓고 집중적으로 기도할 수 있습니다.

우리의 삶에 특별하고 긴급한 문제가 생겼을 때, 그 문제만을 위하여 기한을 정하거나 금식[16](禁食)하며 기도할 수 있습니다.

다니엘 9:3 내가 금식하며 베옷을 입고 재를 덮어쓰고 주 하나님께 기도하며 간구하기를 결심하고

3. 어떻게 기도해야 할까요?

대화에 특별한 형식이 있지 않은 것처럼 기도에도 특별한 형식이 있는 것은 아닙니다. 그러나 기도를 처음 배우는 사람이라면 다음과 같은 방법을 따라 기도하는 것이 도움이 됩니다.

1) 찬양[17]과 감사

하나님에 대한 찬양과 감사로 기도를 시작합니다. 하나님에 대한 당신의 믿음과 사랑을 고백합니다. 그리고 나의 삶에서 감사해야 할 일은 하나님께 마음을 다해 감사를 표현해야 합니다.

마태복음 6:9 …하늘에 계신 우리 아버지여 이름이 거룩히 여김을 받으시오며

---

16 금식 종교적인 이유로 한동안 음식을 먹지 않음.
17 찬양 아름다움이나 훌륭함 따위를 기리고 드높임.

2) 고백

죄는 우리가 하나님께 기도할 때 가장 큰 방해물입니다. 자신의 내면과 삶을 돌아보고 생각나는 죄가 있다면 하나님께 그 죄를 정직하게 고백하고 용서를 구하십시오.

마태복음 6:12 우리가 우리에게 죄 지은 자를 사하여 준 것 같이 우리 죄를 사하여 주시옵고

3) 중보[18]기도

당신의 가족이나 기도가 필요한 당신의 이웃을 위해 기도하십시오. 그리고 교회와 나라, 민족을 위해서도 기도하십시오.

디모데전서 2:1 …모든 사람을 위하여 간구와 기도와 도고와 감사를 하되

4) 간구

자신에게 필요한 것을 솔직하게 하나님께 아뢰십시오. 욕심으로 구하는 것이 아니라면 무엇이든 기도할 수 있습니다.

빌립보서 4:19 나의 하나님이 그리스도 예수 안에서 영광 가운데 그 풍성한 대로

---

18 중보 적대적 관계나 시시비비가 있는 양자 사이에서 화해와 일치를 도모하는 일. 성경에서는 하나님과 인간 사이를 화목케 하고 화평을 가져오게 하는 일을 말한다.

너희 모든 쓸 것을 채우시리라

5) 예수의 이름으로

모든 기도는 "예수님의 이름으로 기도합니다."라고 마칩니다. 이것은 예수님께 의지해서 기도한다는 것을 의미합니다.

요한복음 16:24 지금까지는 너희가 내 이름으로 아무 것도 구하지 아니하였으나 구하라 그리하면 받으리니 너희 기쁨이 충만하리라

4. 응답받는 기도는 어떻게 하는 기도일까요?

1) 하나님의 뜻대로 기도해야 합니다.

우리가 기도해도 응답받지 못하는 이유는 욕심대로 구하기 때문입니다(야고보서 4:3). 기도는 내 뜻을 이루는 도구가 아니라 하나님의 뜻을 이루는 도구입니다.

요한일서 5:14 그를 향하여 우리가 가진 바 담대함이 이것이니 그의 뜻대로 무엇을 구하면 들으심이라

2) 믿음으로 기도해야 합니다.

믿음으로 기도한다는 것은 나의 문제를 하나님께 완전히 맡기고 염려

하지 않는 것입니다.

마가복음 11:24 그러므로 내가 너희에게 말하노니 무엇이든지 기도하고 구하는
것은 받은 줄로 믿으라 그리하면 너희에게 그대로 되리라

3) 간절히 기도해야 합니다.

기도할 때 정말 중요한 것은 마음을 쏟아서 기도했는가 하는 것입니다.
우리의 기도가 간절한 만큼 하나님의 응답은 가까이 있습니다.

사도행전 12:5 이에 베드로는 옥에 갇혔고 교회는 그를 위하여 간절히 하나님께
기도하더라

4) 다른 사람과 바른 관계를 맺어야 합니다.

다른 사람을 미워하거나 용서하지 못하는 마음은 기도 응답의 방해물
입니다. 기도 응답을 원한다면 다른 사람을 먼저 용서하고 사랑하며 기도
하십시오.

마가복음 11:25 서서 기도할 때에 아무에게나 혐의가 있거든 용서하라 그리하여야
하늘에 계신 너희 아버지께서도 너희 허물을 사하여 주시리라 하시니라

5) 포기하지 말고 꾸준히 기도해야 합니다.

우리가 구하는 것이 하나님의 뜻에 어긋나는 것이 아니라면 포기하지 말고 기도해야 합니다. 기도가 응답 되지 않는다고 낙심하지 말아야 합니다. 하나님께서는 가장 적절한 때에, 가장 좋은 것으로 우리 기도에 응답하실 것입니다.

누가복음 18:1 예수께서 그들에게 항상 기도하고 낙심하지 말아야 할 것을 비유로 말씀하여

• 기도 응답의 종류: '그래'(Yes), '안 된다'(No), '기다려라'(Wait)

| 기도제목 |

구원받은 성도는 말씀에
순종하는 삶을 살아야 합니다

성령께서는 구원받은 모든 사람의 삶을 인도하십니다. 그런데도 그리스도인이 영적 침체에 빠지는 원인은 성령의 인도하심에 순종하지 않았기 때문입니다. 신앙생활의 핵심은 하나님의 말씀에 순종하는 것입니다. 이 하나님의 말씀을 기록해 놓은 책이 성경입니다. 성경은 하나님을 만나 구원을 얻게 하고, 믿는 사람들을 온전하게 하여 하나님이 주시는 복을 누리며 살도록 하기 위해 기록되었습니다. 그러므로 성경을 읽고 배우는 것을 통해 하나님의 말씀을 듣고 순종할 수 있습니다.

| 중요말씀 |

요한복음 7:17 사람이 하나님의 뜻을 행하려 하면 이 교훈이 하나님께로부터 왔는지 내가 스스로 말함인지 알리라

1. 구원받은 성도는 말씀으로 인도함을 받습니다.

1) 구원받은 성도는 예수님의 말씀을 듣고 인도함을 받습니다.

예수님은 하나님의 말씀입니다(요한복음 1:14). 말씀이신 예수님은 지금도 우리 안에 계시며 우리의 삶을 인도하십니다.

> 요한복음 10:27 내 양은 내 음성을 들으며 나는 그들을 알며 그들은 나를 따르느니라

2) 믿음은 하나님의 말씀을 들을 때 생깁니다.

하나님의 말씀은 사람의 마음과 영혼을 변화시키는 힘이 있기 때문입니다.

> 로마서 10:17 그러므로 믿음은 들음에서 나며 들음은 그리스도의 말씀으로 말미암았느니라

3) 하나님의 말씀은 영혼의 양식입니다.

음식을 잘 먹어야 건강을 유지할 수 있는 것처럼 하나님의 말씀을 먹어야 우리 영혼이 살고 건강을 유지할 수 있습니다.

> 베드로전서 2:2 갓난 아기들 같이 순전하고 신령한 젖을 사모하라 이는 그로 말미암아 너희로 구원에 이르도록 자라게 하려 함이라

> 마태복음 4:4 … 사람이 떡으로만 살 것이 아니요 하나님의 입으로부터 나오는 모든 말씀으로 살 것이라 하였느니라 하시니

2. 하나님의 말씀을 기록한 성경은 어떤 책일까요?

1) 온 세상의 시작과 종말에 대해 가르쳐줍니다.

성경은 세상이 언제, 어떻게 시작되었으며 어떻게 끝나게 될지 완벽하게 설명합니다.

> 창세기 1:1 태초에 하나님이 천지를 창조하시니라

> 마태복음 24:14 이 천국 복음이 모든 민족에게 증언되기 위하여 온 세상에 전파되리니 그제야 끝이 오리라

2) 구원에 이르는 길을 가르쳐줍니다.

성경이 기록된 가장 중요한 목적은 우리의 구원입니다. 성경은 우리가 어떻게 구원받을 수 있는지, 구원받은 이후에 어떻게 살아야 하는지를 가르쳐줍니다.

> 요한복음 20:31 오직 이것을 기록함은 너희로 예수께서 하나님의 아들 그리스도이심을 믿게 하려 함이요 또 너희로 믿고 그 이름을 힘입어 생명을 얻게 하려 함이니라

3. 구원받은 성도에게 영적인 침체가 오는 이유는 무엇입니까?

1) 예수 그리스도의 십자가를 분명히 믿지 않기 때문입니다.

십자가 외에 다른 방법을 찾으면 실패할 수밖에 없습니다.

2) 기도로 살지 않기 때문입니다.

기도하지 않으면 하나님께서 우리의 삶에 역사하실 수 없습니다.

3) 환난이나 어려움에 하나님의 뜻이 있음을 믿지 않기 때문입니다.

환난이나 어려움에 하나님의 복이 숨겨져 있는 경우가 많습니다.

4) 실수나 죄를 반복하기 때문입니다.

책망과 징계를 받으면서도 반복적으로 죄를 지으면 실패할 수밖에 없습니다.

5) 하나님의 말씀을 듣지 않고 그분의 인도하심을 받지 않기 때문입니다.

구약성경에 나오는 사울을 보면 하나님께 왕으로 택함을 받았지만 결국 실패했습니다. 하나님의 말씀에 순종하지 않았기 때문입니다.

역대상 10:13-14 사울이 죽은 것은 여호와께 범죄 하였기 때문이라 그가 여호와의 말씀을 지키지 아니하고 또 신접한 자에게 가르치기를 청하고 여호와께 묻지 아니하였으므로 여호와께서 그를 죽이시고 …

4. 하나님의 음성은 어떻게 듣습니까?

1) 근본적으로 성령의 역사로 말씀하십니다.

하나님의 음성을 잘 들으려면 우리 안에 계신 성령께서 말씀하신다는 사실을 늘 의식하고 그 말씀에 귀를 기울여야 합니다.

2) 양심을 통하여 책망의 말씀을 하십니다.

우리가 죄를 지을 때나 하나님의 뜻에 순종하지 않을 때, 양심을 통하여 책망의 말씀을 하십니다.

3) 성경을 통하여 말씀하십니다.

하나님의 음성을 들으려면 성경을 읽고 묵상[19]해야 합니다. 양육이나 제자훈련을 통해 성경을 체계적으로 배워야 합니다.

4) 기도를 통하여 말씀하십니다.

기도하는 중에도 하나님의 말씀을 들으려는 자세가 필요합니다.

---

19 묵상 성경을 읽되 깊이 생각하며 읽는 것입니다. 일반적으로 QT(Quite Time)라고 부릅니다.

5) 사람이나 환경을 통하여 말씀하십니다.

대화를 나누는 중에 말씀하시기도 하고, 우리가 어떤 문제에 대하여 고민하며 기도할 때 주변의 환경과 사건을 통해서 말씀하시기도 합니다.

6) 하나님의 음성을 잘 들으려면 그분과 친밀한 관계를 유지해야 합니다.

하나님께서는 여러 가지 통로를 통하여 우리에게 끊임없이 말씀하십니다. 그러나 우리가 하나님의 음성으로 알아듣기 위해서는 하나님과의 친밀한 관계를 유지하고 있어야 합니다.

7) 목회자의 영적 지도와 분별을 받아야 합니다.

우리가 어떤 음성을 들었다고 해서 그것이 다 하나님의 음성인 것은 아닙니다. 순전히 내 생각일 수도 있고 마귀의 미혹일 수도 있습니다.

8) 말씀에 순종할 것을 결단해야 합니다.

하나님께서 무엇을 말씀하시든지 순종하겠다는 결단이 있어야 하나님의 음성을 들을 수 있는 귀가 열립니다.

요한복음 7:17 사람이 하나님의 뜻을 행하려 하면 이 교훈이 하나님께로부터 왔는지 내가 스스로 말함인지 알리라

| 기도제목 |

구원받은 사람은
구원받은 증거가 있습니다

구원받은 사람에게는 반드시 구원받은 증거가 있습니다. 이 증거를 알고 신앙생활을 하는 사람과 그렇지 않은 사람 사이에는 엄청난 차이가 있습니다. 예수님을 믿고 영접하면 예수님은 성령으로 우리 안에 찾아오십니다. 그러므로 자신 안에 성령께서 계신 사람은 구원받은 사람이고, 그렇지 않은 사람은 구원받지 못한 사람입니다. 우리는 이 증거를 스스로 확인할 수 있습니다.

| 중요말씀 |

빌립보서 2:13 너희 안에서 행하시는 이는 하나님이시니 자기의 기쁘신 뜻을 위하여 너희에게 소원을 두고 행하게 하시나니

1. 예수님은 구원받은 사람들 안에 성령으로 와 계십니다.

복음의 진리는 다음의 세 가지로 요약할 수 있습니다.

- 예수님께서 이 땅에 오셔서 우리 죄를 위하여 십자가에 달려 죽으셨습니다.
- 예수님께서 죽은 자들 가운데서 부활하시고 승천하셔서 하나님 우편에 앉아 계십니다.
- 부활하시고 승천하신 예수님은 모든 믿는 사람 안에 성령으로 오셨습니다.

고린도후서 13:5 너희는 믿음 안에 있는가 너희 자신을 시험하고 너희 자신을 확증하라 예수 그리스도께서 너희 안에 계신 줄을 너희가 스스로 알지 못하느냐 그렇지 않으면 너희는 버림 받은 자니라

고린도전서 3:16 너희는 너희가 하나님의 성전인 것과 하나님의 성령이 너희 안에 계시는 것을 알지 못하느냐

2. 예수님이 성령으로 우리 안에 계신 것을 어떻게 알 수 있을까요?

1) 느낌이나 영적인 체험에 의존해서는 안 됩니다.

느낌이나 영적인 체험은 우리에게 도움을 줄 수도 있고, 우리를 속일 수도 있습니다.

2) 예수님이 우리 안에 계신 것을 말씀으로 확인해야 합니다.

말씀은 느낌이나 체험과는 달라서 예수님께서 우리 안에 계신지를 정확하게 분별할 수 있게 해줍니다.

3. 성령께서 당신 안에 계신지 말씀을 통해 확인하십시오.

우리는 다음과 같이 말씀에 의하여 성령께서 우리 안에 계신지 분별해 볼 수 있습니다.

1) 예수를 주[20](主)라 시인합니까?

성령이 계시지 않는다면 누구도 예수님을 주님이라고 고백할 수 없습니다.

고린도전서 12:3 ⋯ 성령으로 아니하고는 누구든지 예수를 주시라 할 수 없느니라

2) 하나님을 아버지라 부릅니까?

성령께서 내주하고 계신 사람들은 하나님을 아버지라고 부르며 기도합니다.

로마서 8:15-16 너희는 다시 무서워하는 종의 영을 받지 아니하고 양자의 영을

---

20 주(主) 나라 안의 모든 백성의 주인이라는 뜻으로, '하나님'이나 '예수님'을 이르는 말.

받았으므로 우리가 아빠 아버지라고 부르짖느니라 성령이 친히 우리의 영과
더불어 우리가 하나님의 자녀인 것을 증언하시나니

3) 하나님의 은혜를 느낍니까?

성령은 우리를 거듭나게 하시는 분입니다. 하나님에 대하여 살아 있는
사람만이 하나님께서 주시는 은혜를 받고 반응할 수 있습니다.

고린도전서 2:12 우리가 세상의 영을 받지 아니하고 오직 하나님으로부터 온 영을
받았으니 이는 우리로 하여금 하나님께서 우리에게 은혜로 주신 것들을 알게 하려
하심이라

4) 사랑의 마음이 일어납니까?

예수님을 진심으로 영접하면 사랑의 마음이 생깁니다. 우리 안에 계신
성령께서는 사랑과 용서의 영(靈)이시기 때문입니다.

요한일서 4:12-13 어느 때나 하나님을 본 사람이 없으되 만일 우리가 서로 사랑하면
하나님이 우리 안에 거하시고 그의 사랑이 우리 안에 온전히 이루어지느니라 그의
성령을 우리에게 주시므로 우리가 그 안에 거하고 그가 우리 안에 거하시는 줄을
아느니라

5) 성령의 근심을 느낍니까?

우리 안에 계신 성령은 우리가 하나님의 뜻대로 살지 못하거나 죄를 지을 때 근심하십니다. 그리고 우리는 그 근심하는 마음을 느끼고 깨닫게 됩니다. 최근에 예배에 빠진 적이 있습니까? 그때 어떤 마음이었습니까?

에베소서 4:30 하나님의 성령을 근심하게 하지 말라 그 안에서 너희가 구원의

날까지 인치심을 받았느니라

6) 하나님의 일을 하고 싶은 소원이 생깁니까?

하나님과 교회를 위하여 무엇인가 해야겠다는 생각이 듭니까? 그렇다면 그것은 성령께서 당신 안에 계신다는 증거입니다.

빌립보서 2:13 너희 안에서 행하시는 이는 하나님이시니 자기의 기쁘신 뜻을 위하여

너희에게 소원을 두고 행하게 하시나니

7) 전도할 마음이 생깁니까?

전도는 하나님이 가장 기뻐하시는 일입니다. 그러므로 성령께서 내주하는 사람에게는 전도하고 싶은 마음이 생깁니다.

마태복음 10:19-20 … 그 때에 너희에게 할 말을 주시리니 말하는 이는 너희가

아니라 너희 속에서 말씀하시는 이 곧 너희 아버지의 성령이시니라

4. 당신 안에 예수님이 계십니까?

앞에 언급한 7가지 증거가 모두 있을 수도 있고 몇 개만 있을 수도 있습니다. 분명한 것은 말씀을 통해 자신의 마음을 진실하게 살피면 예수님께서 자신 안에 계신지 아닌지 알 수 있습니다. 다음 표를 보고 내 안에 어떤 성령의 증거가 있는지 표시한 후 최종적인 결론을 내리십시오.

성령께서 내 안에 계신 증거	나의 상태	
	예	아니오
예수님을 주라 시인합니까?		
하나님을 아버지라 부릅니까?		
하나님의 은혜를 느낍니까?		
사랑의 마음이 일어납니까?		
성령의 근심을 느낍니까?		
하나님의 일을 하고 싶은 소원이 생깁니까?		
전도할 마음이 생깁니까?		
예수님이 당신 안에 계십니까?		

| 기도제목 |

구원받은 사람은
믿음으로 살아야 합니다

구원받은 사람을 그리스도인이라 부릅니다. 그렇다면 그리스도인은 무엇을 믿는 사람일까요? 그리스도인들은 어떤 사상이나 교리의 체계를 믿는 것이 아닙니다. 기독교의 믿음에는 분명한 대상이 있는데 그 믿음의 대상이 바로 예수 그리스도입니다.

교회에 다니는 사람들은 누구나 자신이 예수님을 믿는다고 생각합니다. 그러나 진짜 예수님을 믿는지 점검해야 합니다.

'마음에 염려와 두려움이 다 사라졌습니까?'

예수님을 믿는다고 말하는데 여전히 염려와 두려움의 문제가 해결되지 않은 사람이 많습니다. 예수님을 올바르게 믿지 못하고 있다는 증거입니다.

| 중요말씀 |

히브리서 12:2 믿음의 주요 또 온전하게 하시는 이인 예수를 바라보자 그는 그 앞에 있는 기쁨을 위하여 십자가를 참으사 부끄러움을 개의치 아니하시더니 하나님 보좌 우편에 앉으셨느니라

1. 왜 믿음으로 살아야 할까요?

사람마다 삶의 방식이 있습니다. 세상 사람들도 그리스도인도 각자 삶의 방식이 있습니다. 세상 사람들은 육체적인 감각에 의존해서 살아갑니다. 그러나 그리스도인들은 믿음이라는 영적인 감각에 의존해서 살아갑니다.

사도 바울은 이렇게 말했습니다.

"오직 의인은 믿음으로 말미암아 살리라"(로마서 1:17)

1) 하나님의 모든 은혜는 믿음으로 받기 때문입니다.

많은 그리스도인이 구원은 믿음으로 받고 다른 것들은 노력해서 받는 줄로 생각합니다. 그러나 하나님께서 주시는 모든 은혜와 복은 믿음을 통해서만 받습니다.

> 마태복음 8:17 이는 선지자 이사야를 통하여 하신 말씀에 우리의 연약한 것을 친히 담당하시고 병을 짊어지셨도다 함을 이루려 하심이더라

2) 믿음으로 살아야 하나님이 세상에 증거 되기 때문입니다.

우리가 믿음으로 순종하면 하나님께서는 우리를 통해 자기의 일을 행하십니다. 우리는 대부분 하나님께 순종하기보다는 돈이나 능력 등을 더 중요하게 생각하여 일을 처리할 때가 많습니다. 그것이 바로 우리가 삶에서 하나님의 역사를 경험할 수 없도록 만드는 이유입니다.

2. 어떻게 하면 큰 믿음을 가질 수 있을까요?

1) 믿음으로 살지 못했음을 회개해야 합니다.

많은 사람이 주님을 믿는다고 하면서도 사실은 돈이나 사람을 더 의지합니다. 그것이 하나님께서 우리의 삶에서 침묵하실 수밖에 없는 이유입니다. 그러므로 큰 믿음을 가지려면 자신이 믿음으로 살지 못했던 것부터 회개해야 합니다.

2) 믿음은 말씀 위에 뿌리를 내려야 합니다.

로마서 10:17 그러므로 믿음은 들음에서 나며 들음은 그리스도의 말씀으로 말미암았느니라

그리스도인의 믿음은 신념(信念)과는 완전히 다릅니다. 자기의 생각이나 꿈이 이루어질 것을 믿는 것이 신념이라면 그리스도인의 믿음은 하나님 말씀을 믿는 것입니다. 그러므로 하나님 말씀을 자주 읽고, 듣고, 묵상하는 것은 아무리 강조해도 지나치지 않습니다. 거기에서 올바르고 흔들리지 않는 믿음이 생겨나기 때문입니다.

3) 말 한마디도 믿음으로 해야 합니다.

민수기 14:28 그들에게 이르기를 여호와의 말씀에 내 삶을 두고 맹세하노라 너희

말이 내 귀에 들린 대로 내가 너희에게 행하리니

하나님께서 귀에 들린 대로 행하신다는 말씀은 불신의 말을 한 사람들에게는 저주입니다. 불신의 말을 한 사람들은 하나님께서 말씀하신 대로 결국 약속의 땅에 들어가지 못하고 광야에서 죽었습니다. 오직 믿음으로 말한 여호수아와 갈렙만 약속의 땅에 들어갔습니다.

3. 24시간 예수님을 바라봐야 합니다.

1) 항상 예수님 바라보기를 힘써야 합니다.

히브리서 12:2 믿음의 주요 또 온전하게 하시는 이인 예수를 바라보자 그는 그 앞에 있는 기쁨을 위하여 십자가를 참으사 부끄러움을 개의치 아니하시더니 하나님 보좌 우편에 앉으셨느니라

히브리서 12장 2절 앞부분을 《새번역성경》에서는 "믿음의 창시자요 완성자이신 예수를 바라봅시다."라고 번역하고 있습니다. 우리 안에서 믿음을 창조하시는 분도 예수님이시고 그것을 완성하실 분도 예수님이시라는 뜻입니다. 그렇기 때문에 우리가 예수님을 바라봐야 한다는 것입니다.

2) 24시간 예수님을 바라보는 가장 좋은 방법은 예수동행일기를 쓰는 것입니다.

예수님을 의식하는 일기를 쓰는 것입니다. 교회사를 보면 아우구스티

누스, 존 웨슬리, 조나단 에드워즈, 데이비드 브레이너드 등 영적인 거장들도 모두 일기를 썼습니다. 일기를 쓰면서 주님을 바라보며 교제했던 것입니다.

예수동행일기는 아침에 일어날 때부터 잠들 때까지 하루 동안 얼마나 예수님을 의식하고 살았는지 점검해 보는 것입니다. 처음 예수동행일기를 쓸 때에는 예수님을 생각하고 살지 못했다는 것을 깨닫게 됩니다.

그러나 예수동행일기를 꾸준히 쓰다 보면 예수님을 바라보는 눈이 열리고, 예수님을 생각하는 시간이 많아지게 될 것입니다.

예수님이 우리 안에 오신 것은 우리와 동행하기 원하시기 때문입니다. 우리보다 예수님이 더 원하십니다. 예수동행일기를 쓰면 예수님과 친밀한 동행을 시작하게 됩니다.

3) 예수님을 바라보면 삶이 바뀝니다.

예수님이 실제로 내 눈앞에 계신다면 죄짓고, 혈기 부리고, 걱정하고 염려할 사람이 누가 있습니까? 주님을 바라보는 삶을 통해 예수님의 임재가 실제가 되면 그렇게 끊어지지 않던 습관적인 죄가 끊어집니다. 자신도 다스리기 어려웠던 마음의 혈기와 분노가 다 사라집니다. 습관처럼 따라다니는 걱정과 염려가 없어집니다.

어려운 상황과 여건이 달라지지 않아도 감사하고 기뻐할 수 있게 됩니다. 이것이 믿음으로 사는 사람이 누리는 복입니다.

4. 염려가 맡겨질 때까지 예수님을 바라봐야 합니다.

많은 성도가 자신도 의식하지 못한 채 염려를 붙잡고 살아갑니다. 염려가 왜 문제인지 모르기 때문입니다. 염려한다는 사실 때문에 문제가 해결된다면 얼마나 좋겠습니까? 그러나 염려는 삶의 문제를 해결하는 데 아무런 도움이 못 됩니다.

1) 염려는 하나님과의 관계를 깨뜨립니다.

마태복음 6:27 너희 중에 누가 염려함으로 그 키를 한 자라도 더할 수 있겠느냐

마음에 생활의 염려가 가득한 사람은 아무리 은혜로운 말씀을 들어도 소용없습니다. 말씀을 들어도 그것이 삶의 열매로 이어지지 못합니다. 신앙생활을 10년, 20년을 해도 신앙이 성숙해지지 못합니다. 염려가 우리 안에 말씀이 뿌리를 내리고 자라는 것을 가로막기 때문입니다(마태복음 13:22).

2) 염려를 주님께 맡겨야 합니다.

많은 사람이 염려를 내려놓으려고 애를 씁니다. 그러나 노력한다고 염려하지 않을 수 있는 것은 아닙니다. 노력해서 염려하지 않을 수 있다면 아예 처음부터 염려할 필요가 없었을 것입니다.

베드로전서 5:7 너희 염려를 다 주께 맡기라 이는 그가 너희를 돌보심이라

| 예수동행일기 쓰기 |

• 〈예수동행일기〉 앱을 플레이스토어나 앱스토어에서 다운받아 일기를 씁니다.
• 예수동행일기 사이트(jwj.kr)에 접속해서 일기를 씁니다.
• 유튜브 〈예수동행운동〉채널에서 '예수님과 동행하는 행복한 30일' 영상을 보면서 예수동행일기
  쓰기를 훈련합니다.

| 기도제목 |

구원받은 성도에게는 사명이 있습니다

교회는 왜 이 땅에 존재할까요? 나는 왜 이곳에 존재할까요? 사명이 있기 때문입니다. 그 사명은 바로 예수 그리스도의 복음을 전하는 일입니다. 전도[21]는 하나님께서 우리를 구원하신 목적이며 하나님께서 가장 기뻐하시는 일입니다. 우리가 이 일에 헌신할 때 실제로 하나님의 복을 누리는 삶을 살 수 있습니다.

| 중요말씀 |

사도행전 1:8 오직 성령이 너희에게 임하시면 너희가 권능을 받고 예루살렘과 온 유대와 사마리아와 땅 끝까지 이르러 내 증인이 되리라 하시니라

---

21 전도 교리를 믿지 않는 사람이 신앙을 가지도록 인도하는 일.

1. 왜 전도해야 할까요?

1) 전도는 예수님의 명령이기 때문입니다.

그리스도인들은 가장 위대한 명령을 받은 사명자입니다. 그리스도인의
또 다른 이름은 전도자입니다.

마태복음 28:19-20 그러므로 너희는 가서 모든 민족을 제자로 삼아 아버지와
아들과 성령의 이름으로 세례를 베풀고 내가 너희에게 분부한 모든 것을 가르쳐
지키게 하라 볼지어다 내가 세상 끝날까지 너희와 항상 함께 있으리라 하시니라

2) 전도는 하나님이 가장 기뻐하시는 일이기 때문입니다.

하나님께서 가장 기뻐하시는 일은 불신자가 예수 그리스도를 영접하고
구원을 얻는 것입니다.

그러므로 전도는 하나님을 가장 기쁘시게 하는 일입니다.

누가복음 15:7 내가 너희에게 이르노니 이와 같이 죄인 한 사람이 회개하면
하늘에서는 회개할 것 없는 의인 아흔아홉으로 말미암아 기뻐하는 것보다 더하리라

3) 전도는 우리가 다른 사람을 위해 할 수 있는 가장 좋은 일이기 때문입니다.

전도는 지옥에 갈 사람을 천국에 갈 수 있도록 도와주는 것입니다. 천
국이 정말 좋은 곳이라고 믿는다면 혼자 가면 안 됩니다.

누가복음 16:27-28 ··· 아버지여 구하노니 나사로를 내 아버지의 집에 보내소서 내

형제 다섯이 있으니 그들에게 증언하게 하여 그들로 이 고통 받는 곳에 오지 않게

하소서

4) 전도는 우리 자신이 복 받는 길이기 때문입니다.

하나님께서는 전도자에게 복을 주십니다. 하나님께서 가장 기뻐하시는 일을 하는 사람이기 때문입니다. 무엇보다도 전도자가 누리는 가장 큰 복은 전도를 통하여 하나님을 체험하게 된다는 것입니다.

누가복음 10:17 칠십 인이 기뻐하며 돌아와 이르되 주여 주의 이름이면 귀신들도

우리에게 항복하더이다

2. 전도란 무엇일까요?

많은 사람이 전도를 어렵게 생각합니다. 전도에 대한 올바른 이해가 없기 때문입니다.

그렇다면 전도란 무엇일까요?

1) 전도(傳道)는 인도(引導)와 다릅니다.

어떤 사람들은 불신자를 교회로 데려오는 것을 전도라고 생각합니다. 그러나 불신자를 교회로 데려오는 것은 전도가 아니라 '인도'입니다. 전도란 말 그대로 '복음을 전하는 것'입니다.

"예수님께서 우리의 죄를 대신해서 십자가에 달려 죽으시고 부활하셨습니다. 누구든지 예수님을 영접하면 죄 사함을 받고 구원을 얻습니다. ○○○님도 예수님을 영접하시고 구원의 복을 받으십시오."

이렇게 복음의 내용을 정확하게 전달하는 것이 전도입니다.

2) 전도는 구원의 복을 증거(간증[22])하는 것입니다.

전도는 어려운 말로 다른 사람을 설득하는 것이 아닙니다. 우리가 예수 그리스도 안에서 누리는 구원의 복을 증거 하는 것입니다. 그런 의미에서 간증은 가장 좋은 전도 방법입니다.

사도행전 1:8 오직 성령이 너희에게 임하시면 너희가 권능을 받고 예루살렘과 온 유대와 사마리아와 땅 끝까지 이르러 내 증인이 되리라 하시니라

3. 간증은 다음과 같이 준비하십시오.

1) 간증의 초점은 예수님이어야 합니다.

간증의 목적은 예수님과 예수님께서 하신 일을 드러내는 것입니다. 어떤 간증을 하든지 그 간증의 중심에는 예수님이 계셔야 합니다.

---

22 간증 자기의 신앙생활에서 얻은 특별한 종교적 체험을 고백함.

2) 다음의 세 부분으로 간증을 준비합니다.

첫째, 예수님을 영접하기 전의 삶

둘째, 예수님을 영접하게 된 상황과 신앙고백

셋째, 예수님을 영접한 이후의 변화된 삶

3) 진실한 간증을 해야 합니다.

가장 강력한 간증은 진솔한 간증임을 명심하십시오.

4. 전도하기 전에 꼭 기억하십시오.

1) 하나님께서 전도자와 함께 계신 것을 확신해야 합니다.

전도하러 가는 길에 주님이 함께 가시며, 전도하는 장소에도 하나님께서 함께 계심을 알아야 합니다.

마태복음 28:20 내가 너희에게 분부한 모든 것을 가르쳐 지키게 하라 볼지어다 내가 세상 끝날까지 너희와 항상 함께 있으리라 하시니라

2) 전도 대상자를 위해 기도해야 합니다.

마귀가 불신자들을 사로잡아 하나님을 알지 못하게 하고 복음을 믿지 못하게 하기 때문입니다.

고린도후서 4:4 … 이 세상의 신이 믿지 아니하는 자들의 마음을 혼미하게 하여 그리스도의 영광의 복음의 광채가 비치지 못하게 함이니 …

3) 전도 대상자를 사랑으로 섬겨야 합니다.

'전도하라'는 말은 '사랑하라'는 말과 같습니다. 영혼을 사랑하기 때문에 전도해야 하고, 전도하려면 전도 대상자를 사랑해야 합니다.

베드로전서 3:1 아내들아 이와 같이 자기 남편에게 순종하라 이는 혹 말씀을 순종하지 않는 자라도 말로 말미암지 않고 그 아내의 행실로 말미암아 구원을 받게 하려 함이니

4) 성령으로 충만함을 받아야 합니다.

성령으로 충만해지면 복음을 전하는 것이 어렵지 않게 느껴집니다. 그러므로 먼저 성령충만을 위해 기도해야 합니다.

사도행전 1:8 오직 성령이 너희에게 임하시면 너희가 권능을 받고 예루살렘과 온 유대와 사마리아와 땅 끝까지 이르러 내 증인이 되리라 하시니라

양육 7주차가 되면 간증문을 쓸 수 있도록 안내합니다.

간증문을 작성하면서 다시 한 번 자신의 믿음을 점검하고, 정리된 내용을 하나님과 교우들 앞에서 읽음으로써 믿음을 확신하는 복된 시간이 될 것입니다. 처음 예수님을 믿고 영접한 새가족에게 정확한 구원의 확신이 있다면 세례 받을 것을 권합니다.

1. 양육수료 간증문의 기본 내용

- 교회에 나오게 된 동기와 배경은 무엇입니까?
- 구원에 대한 확신과 죄 사함에 대한 확신이 있습니까?
- 예수님이 내 안에 계시고 나와 동행하심에 대한 확신이 있습니까?
- 10주 양육을 받으면서 몇 과에서 가장 은혜가 있었습니까?
  또 어떤 깨달음이 있었습니까?
- 천국에 대한 소망이 분명합니까?
- 양육 전후를 비교했을 때 변화된 부분들에 대하여 적어주십시오.

2. 세례 간증문의 기본 내용

- 교회에 나오게 된 동기와 배경은 무엇입니까?
- '죄 사함을 받았다'는 믿음이 생긴 때는 언제입니까?
- 구원에 대한 확신이 있습니까?
- 천국에 대한 소망이 분명합니까?
- 양육 전후를 비교했을 때 변화된 부분은 무엇입니까?
- 믿음의 결단 및 선언을 적어주십시오.

양육 수료 간증문의 예

○○○ 성도

40년 넘게 무신론자로 살아오다가, 어떤 계기를 통해 하나님을 만나게 되었습니다. 하나님의 살아계심이 의심되지 않고 하나님을 바라보는 삶을 살아야겠다는 뜨거운 마음이 있었지만, 동시에 마음 한 구석에서는 불신자 때부터 가지고 있던 기독교에 대한 쉽게 풀리지 않는 질문들이 존재했습니다. 주일 예배에 참석하며 찬송도 익숙해지고, 말씀을 읽으며 성경에 대해서 이해가 생기니까 기독교의 교리에 조금씩 이해가 되었지만, 여전히 풀리지 않는 질문들이 있었습니다.

왜 내가 죄인이라고 하는지, 인간은 자유의지가 있는데 왜 순종을 해야 하는지, 마귀와의 영적 전쟁이라는 말이 미신과 뭐가 다른지와 같은 질문들이 있었고 이런 의문들이 쉽게 해결되지 않았습니다. 여러 생각이 마음에 있는 와중에 위례로 이사를 오게 되었습니다. 전부터 아내와 목사님의 설교를 들었었고, 늦깎이 신자로 믿음을 함께할 공동체를 소망해왔기에 기대를 가지고 ○○○○교회로 오게 되었습니다.

하지만, 10주간의 양육과정을 거쳐야 한다는 말씀을 듣고 당황하고 놀랐습니다. 이전 교회에서 이미 새신자 교육을 받았는데 넉 달이나 걸려서 다시 교육을 받아야 한다는 것에 부담스러운 생각을 가지고 10주 양육의 첫날을 맞았습니다.

생각은 양육자 집사님과의 첫 만남에서부터 완전히 달라졌습니다. 세상 속에서 가졌던 경험들과 공통점이 많아서 마음이 활짝 열렸고 마음에 가지고 있던 질문들을 진심으로 나눌 수 있었습니다. 내가 죄인이라는 고백이 하나님 앞에서 왜 중요한지, 예수님의 십자가 사건이 단순한 역사적 사실이 아니고 나와 어떻게 연결되는지' 등 그간 누구에게 물어보기 힘들고 주저하던 이야기를 매 양육 시간에 나눌 수 있었습니다. 마음 속 질문을 나누면서 궁금증이 해소되는 것도 있었고, 교재를 보며 토론을 하며 더욱 생각을 깊게 하게 되는 경우도 있었습니다.

양육의 과정을 통해 누군가에게 평가되는 것이 아니라 있는 그대로 받아들여지고 함께 고민해 주신다는 생각에 안정감을 느끼면서 매 양육의 시간을 기다리며 편안한 마음을 가질 수 있었습니다. 10주간의 양육과정을 함께하며 양육자 집사님이 믿음의 동역자이자 좋은 선배로 여겨지며 기쁜 마음이 들었고, 속회를 통해 믿음의 동지를 만나게 되었습니다.

이제는 공동체와 함께 하나님의 사람으로 세상을 살면서 각자의 어려움을 나누고, 서로를 격려하고 서로의 간증과 믿음을 나누며 하루하루 의미를 더해가는 삶을 살고 있습니다. 항상 최고의 것을 주시는 하나님의 말씀을 너무도 신뢰하고, 저보다 앞서 양육과정을 준비해 주시고 믿음의 공동체를 주신 하나님께 감사하며 찬양합니다.

세례 간증문의 예

○○○ 성도

저는 예전부터 항상 일이 우선이며, 남보다 우월한 삶을 추구하였습니다. 남을 이기는 데 수단을 가리지 않았고, 일이 원하는 대로 흘러가지 않으면 혹독하게 자책하며 살았습니다. 하지만 어느 정도 성공했다고 생각했을 무렵, 심한 공황장애와 허무함을 겪게 되었습니다. 그때 문득 교회를 다니시는 부모님의 기도가 저를 살리고 있다는 생각을 하게 되었고, 교회에 나가보고 싶다는 생각이 들어 지인을 통해 ○○○○교회를 소개받아 오게 되었습니다. 저는 항상 제가 정결하지 못하기 때문에 하나님을 모시고 살 수 없다고 생각했으나, 예배에 참석하고 말씀을 들으면서 예수님을 영접한다는 것이 제가 정결한 사람이어서가 아니라는 것을 알게 되었습니다.

양육과정 동안 궁금한 것도 많이 물어보고, 진솔하게 이야기를 나누면서 많은 것을 배우고 느낄 수 있었는데 그 중에서 3과가 가장 은혜로웠습니다. 예수님 앞에 나아가기 가장 두려웠던 점이 제가 죄인이라는 생각 때문이었는데, 오히려 제가 죄인이기 때문에 주님 앞에 나아가야 한다는 것을 알았습니다. 그리고 예수님께서 제 안에 거하신다는 말씀과 죄인임에도 용서받고 하나님의 자녀로서 권세를 누릴 수 있다는 것에 감사하고 교만했던 제 모습을 회개하는 큰 계기가 되었습니다. 양육을 받으면서 지나온 삶에서 저도 모르는 은혜를 많이 입었다는 것을 깨달았고 성령님께서 확실히 제 안에서 함께하고 계신다는 확신을 가지게 되었습니다.

요즘 저는 성령님께 묻는 습관이 생겼고, 기도하면서 성령님이 이끌어주시는 방향으로 순종하기를 바란다는 기도를 하는 저를 보게 됩니다. 또 저의 죄를 용서해 주신 주님의 사랑을 만나니 천국에 대한 확신도 생겼고 갑작스러운 죽음에 대한 두려움과 관련된 공황 증세는 모두 사라졌습니다. 죽음 이후에 천국이 있음을 알았기에 죽음을 두려워할 이유가 없어졌습니다.

양육 이후에 힘든 일이 있거나, 어떻게 해야 할지 모를 때마다 기도하는 습관이 생겼습니다. 성경도 꾸준히 읽고 있습니다. 양육 이전에는 도대체 무슨 소리인지 모를 지경이던 말들이 가득했는데, 은혜롭고 재미있다는 생각을 하고 있습니다.

여전히 저는 죄를 짓기도 하지만 그때마다 어떻게 이겨나갈지 예전에 저라면 생각지 못했을 행동들이 생각나고 실천하게 됩니다. 사람들을 일의 성과를 보고 판단하고 무시하지 않고 이전과 달리 도와주게 되었는데 제가 하는 것이 아니라 성령님이 이끌어주셔서 태도가 바뀌었음에 감사함을 느낍니다.

저 ○○○은 예수님의 보혈로 저의 모든 죄가 깨끗해졌음을 믿습니다. 이제 예전의 저로 결코 돌아가지 않고 제 안에 찾아오신 예수님께 겸손함으로 순종하며 살겠습니다. 하나님 앞에 서기를 기도해주신 부모님의 소망대로 저와 함께하시는 주님과 함께 살겠습니다. 저의 삶을 이끌어주신 생명의 주님께 모든 감사를 드립니다.

믿음의 기초를 세우는 10가지 복음 메시지

당신은 행복하십니까?

초판 1쇄 발행 2021년 01월 13일
초판 34쇄 발행 2024년 05월 20일

지은이 유기성

기획·편집 김순덕 유지영 홍정호
디자인 브릿지제이 bridgej824@gmail.com
본문 일러스트 구배훈 gubeme@naver.com

펴낸곳 도서출판 위드지저스
등록번호 제251-2021-000163호
주 소 경기도 성남시 분당구 하오개로344번길 2, 2층 (운중동)
전자우편 wjp@wjm.kr | 전 화 031-759-8308 | 팩 스 031-759-8309

Copyright ⓒ 유기성, 2021, Printed in Korea

ISBN 979-11-91027-03-7 03230